CONCLUSIONS

POUR

M. John PEACAN, *rentier, demeurant à Londres, appelant d'un jugement du Tribunal civil de Boulogne-sur-Mer, du 19 juin 1873,*

Me DUSSALIAN.

CONTRE

1° M. Jacques LEBŒUF, *médecin à Cahors ;*
2° M. Edouard CONTIE DE FOUILHAC , *sergent-major , à Bathna (Algérie) ;*
3° M. Henri CONTIE DE FOUILHAC, *caporal à Aumâle (Algérie).*
Les trois susnommés, intimés,

Me PONCELET.

EN PRÉSENCE DE

1° M. Joseph GUERRIER ; 2° M. Nicolas WEHNERT, *tous deux Trus-tées (fidéi-commissaires) de Mme PEACAN, décédée également, appelants,*

Me JUDE.

PLAISE A LA COUR,

Attendu qu'un jugement du Tribunal de Boulogne-sur-Mer, en date du 8 avril 1870, rendu sur une instance introduite par la Dame Lebœuf, auteur des parties demanderesses, contre le concluant et les fidéi-commissaires de la Dame Peacan, son épouse décédée a déclaré: 1° que ladite Dame Lebœuf était française; 2° qu'elle était fille naturelle reconnue de ladite Dame Peacan; 3° qu'en cette double qualité elle avait droit à une réserve dans la succession de cette dernière, dont la quotité restait à déterminer;

Que, sur l'appel interjeté tant par le concluant que par les fidéi-commissaires, la Cour a, par son arrêt en date du 10 mai 1871, confirmé sur ces trois points la sentence des premiers juges;

Attendu d'un autre côté, que le jugement de Boulogne avait repoussé la demande de la Dame Lebœuf en compte, liquidation et partage de la succession de la Dame Peacan, par le motif qu'il y avait lieu de demander l'envoi en possession conformément à l'art, 773 du Code civil;

Mais attendu que, sur l'appel relevé par la Dame Lebœuf, la Cour a réformé sur ce point, par l'arrêt précité, la sentence des premiers juges en ordonnant qu'il serait procédé entre les parties aux opérations de de compte, liquidation et partage de ladite succession;

Attendu qu'en exécution de l'arrêt qui précède, le notaire commis a dressé, à la date du 15 novembre 1871, un état liquidatif de la succession faisant ressortir l'actif net de la succession à la somme de : 299,243 fr. 53 c., déduction faite de 25,000 fr. montant en principal et intérêts d'un legs fait à Madame Lebœuf, et fixant au quart les droits de ladite dame dans cette masse active par application de l'art. 757 du Code civil, vu l'existence de fréres et sœurs légitimes de la dame Peacan ;

· Attendu que l'acte ainsi dressé a été critiqué par toutes les parties en cause, tant au point de vue de la quotité réservée à la dame Lebœuf que de la composition de la masse active, et qu'elles ont fait consigner à cet égard dans le procés-verbal de liquidation leurs dires et contestations respectifs ;

Attendu qu'à la suite des difficultés ainsi soulevées, les parties ont été renvoyées devant le Tribunal de Boulogne ;

Attendu que sur ces entrefaites, la Dame Lebœuf étant décédée, ses héritiers ont repris régulièrement l'instance ;

Attendu que la cause étant en cet état, le Tribunal de Boulogne a rendu, à la date du 19 juin 1873, le jugement dont est appel ;

Attendu que le concluant ayant interjeté appel de ce jugement, il s'agit aujourd'hui de statuer sur le mérite de cet appel en ce qui touche les quatre points suivants, savoir :

1° *La quotité de la réserve à laquelle ont droit les héritiers Lebœuf dans la succession de la dame Peacan ;*

2° *La composition de la masse active de cette succession ;*

3° *La preuve ordonnée de la consistance du mobilier, qui en dépend ;*

4° *La continuation des opérations de compte, liquidation et partage de cette succession*

§ 1.

En ce qui touche la quotité de la réserve à laquelle ont droit les héri-

tiers Lebœuf dans la succession de la dame Peacan.

Attendu, en droit, que la part de l'enfant naturel dans les biens de ses père ou mère décédés est fixée par l'art. 757 C. civ. à la moitié seulement de ces biens lorsque le *decujus* laisse des frères ou sœurs;

Attendu, en outre, qu'il est de doctrine et de jurisprudence aujourd'hui constantes que la règle de l'art. 757 ne reçoit pas exception quand même les frères et sœurs seraient exclus par un donateur ou un légataire universel.

Attendu, en fait, que l'existence de frères et sœurs légitimes de la dame Peacan est aujourd'hui incontestable et incontestée.

Qu'en conséquence, à supposer même que le concluant fût donataire universel, comme on le prétend, de sa femme décédée, les héritiers Lebœuf ne pourraient toujours avoir droit qu'à un quart de la succession de cette dernière, que cela résulte d'une façon évidente de la combinaison de l'art. 757 C. Civ. avec l'art. 913 du même code, que la doctrine et la jurisprudence s'accordent aujourd'hui à regarder comme applicable à la réserve des enfants naturels.

Que les art. 1094 et 1098, C. Civ., au contraire, ne sauraient trouver leur application dans l'espèce, puisqu'ils supposent tous deux l'existence, non d'enfant naturels, mais d'enfants légitimes seulement.

Mais attendu que c'est à tort que le jugement dont est appel qualifie le concluant de donataire universel de sa femme.

Que cette erreur provient d'une fausse interprétation d'un considérant de l'arrêt précité du 10 mai 1871, où la Cour se fonde sur ce que le concluant n'avait pas formellement dénié cette qualité pour dire qu'il était saisi du droit de revendiquer la succession dont le partage était réclamé et pour ordonner, en conséquence, le partage de cette succession.

Attendu, en effet, que la Cour a eu, tout d'abord, le soin de déclarer dans le considérant même dont s'agit que le partage réclamé devant avoir lieu « en présence de toutes les parties détenant en fait ou en droit ce » qui constitue l'hoirie, *toutes les prétentions pourront se produire lors* » *du partage à ordonner* » et qu'en suite, dans son dispositif, loin de reproduire le passage du considérant où elle suppose seulement que le concluant ne dénie pas la qualité qui lui est attribuée de donataire universel de sa femme, décédée la Cour fait, au contraire « les réserves les » plus expresses pour toutes les parties de faire valoir devant le notaire » tous droits sur lesquels il n'est pas statué par le présent arrêt. »

Qu'il résulte de là que la question de savoir si le concluant est ou non donataire universel de sa femme décédée, est demeurée entière, et qu'il n'y a pas chose jugée à cet égard, comme le suppose le jugement dont est appel.

Attendu que le concluant a un intérêt d'autant plus sérieux à contester la qualité qui lui est ainsi attribuée, qu'elle aurait pour conséquence de lui faire perdre une partie notable des biens, compris dans l'état liquidatif, comme dépendants de la succession de la dame Peacan, et dont il se trouve aujourd'hui soit propriétaire, soit acquéreur à titre onéreux.

Attendu, en effet, que d'après la Common Law anglaise, le mari a sur tous les biens de sa femme, sauf les immeubles, un droit de propriété absloue.

Que pendant le mariage, et même après un cas de survie, il peut appréhender avec ou sans le consentement de celle-ci, non seulement tous ses meubles corporels (tels qu'argent et billets de banque), et in- corporels (tels que titres de créances, obligations et actions nominatives et au porteur) , mais encore ses droits immobiliers tels que droits d'usage, d'habitation, d'usufruit, etc.

Que sur les immeubles seuls proprement dits, son droit se trouve limité à un usufruit dont la durée varie suivant qu'il y a ou non des enfants issus du mariage.

Que ce pouvoir absolu sur les biens de sa femme a été donné par la Common Law au mari en compensation de l'engagement qu'il contracte par le seul fait du mariage de pourvoir à l'entretien de sa femme et des enfants à naître du mariage.

Attendu que c'est pour remédier aux abus qu'engendrait souvent un semblable pouvoir, sans toucher aux principes de la Common Law qu'elle était tenue de respecter, que la Cour de Chancellerie, qui exerce en Angleterre une juridiction quasi prétorienne, a imaginé l'institution des « Trusts » ou fidéi-commissaires.

Qu'au moyen de cette institution il est permis à la femme pendant qu'elle est encore libre, de stipuler avec son mari la part qu'il aura dans ses biens en retour de l'engagement qu'il contracte comme il vient d'être dit et de réserver le surplus au bénéfice de la femme et des enfants à naître du mariage.

Que pour donner efficacité à ces stipulations, qui, autrement devien- draient nulles aux yeux de la Common Law une fois le mariage accompli, la femme se dessaisit avant le mariage, de tous ses biens en faveur de deux *Trustees* ou fidéi-commissaires qui acquièrent ainsi la propriété avec la saisine légale de ces biens à la charge par eux d'exécuter rigoureuse- ment les stipulations intervenues entre la femme et le mari au sujet de ces mêmes biens.

Que toutes ces dispositions sont d'ordinaire consignées dans un acte anténuptial en la forme authentique anglaise qu'on appelle « *Settlement* » ou réglement, par le motif qu'il contient une disposition réglementaire des biens de la femme, afin de les protéger dans la mesure convenue, contre l'autorité absolue du mari.

Que cependant il n'est pas indispensable que l'acte en question soit anténuptial, qu'il peut également être postnuptial, pourvu que : 1° les parties contractantes aient fait, avant le mariage, une convention sous seings-privés contenant les stipulations à réaliser par un *settlement* authentique, 2° que ce settlement, ou acte authentique reproduise exactement les stipulations dont s'agit.

Attendu que de tout ce qui précède, il est évident 1° que les droits attribués au mari par le settlement sont la représentatfon exacte de ceux que la Common Law lui réserve sur les biens de sa femme, mais que ce sont des droits limités, restreints, amoindris dans l'intérêt de la femme et des enfants à naître du mariage, et cela par suite du consentement formel que le mari lui-même a donné à cet égard, consentement équivalant à une renonciation formelle à se prévaloir des droits plus étendus dont il est investi par la Common-Law.

2° Que ces derniers droits ne lui étant conférés qu'en raison de l'engagement qu'il contracte de pourvoir à l'entretien de sa femme et des enfants à naître du mariage et de répondre des dettes contractées par sa femme, même antérieurement au mariage, (engagement qui a tous les caractères d'un engagement onéreux) les mêmes droits, quoique restreints, n'en conservent pas moins le même caractère.

Attendu, en fait, que par une convention en date du 9 mai 1856 et qui a précédé le mariage du concluant avec la dame Peacan, ceux-ci ont stimulé réciproquement que les biens de la dame Peacan, de quelque nature qu'ils fussent seraient transportés aussitôt que faire se pourrait après le mariage à des fidéi-commissaires à charge par ceux-ci :

1° D'en payer les revenus à la dame Peacan sa vie durant, pour son mariage exclusif, sans faculté pour elle de les aliéner ni de les anticiper.

2° Après le décès de la dame Peacan et dans le cas où il y aurait des enfants issus du mariage de remettre la moitié desdits biens en toute propriété au concluant son mari, et de lui payer les revenus de l'autre moitié sa vie durant ; la nue-propriété de cette seconde moitié étant réservée aux enfants dans les conditions déterminées par la convention.

3° Également après son décès, mais dans le cas où il n'y aurait pas des enfants issus du mariage, de remettre seulement au concluant une moitié en toute propriété, l'autre moitié devant être tenue à la disposition de la personne ou des personnes qu'il plairait à ladite dame Peacan de désigner par acte entre-vifs ou de dernière volonté.

Attendu qu'à la date du 16 juin 1865, c'est-à-dire quelques années après le mariage du concluant avec la dame Peacan, la convention ci-dessus a été réalisée par un acte en la forme authentique anglaise.

Que ce dernier acte, qui constitue ce qu'on appelle le scettlement, ou réglement du sort des biens de la femme, et qui contient institution des sieurs Wehnert et Guerrier en qualité de *Trustees* ou fidéi-commissaires, est dans une grande mesure, la reproduction fidèle de la convention de 1856.

Que néanmoins, l'acte de 1865 diffère de la convention de 1856 en ce qu'il contient une disposition faite par la dame Peacan en faveur du concluant, son mari, *de la seconde moitié de ses biens* pour le cas où ne laissant pas d'enfants, elle n'aurait pas fait la désignation que, par la convention de 1856, elle s'était réservée de faire.

Attendu que cette dernière disposition n'étant pas comprise dans la convention de 1856 est considérée, il est vrai, par la loi anglaise, comme ne profitant pas au mari au même titre que s'il eût fait l'objet d'une stipulation anténuptiale. Mais qu'aux termes de cette même loi la validité n'en saurait être contestée par d'autres que par les créanciers de la femme antérieurs au mariage. Que notamment des ayants-cause comme la dame Lebœuf ou ses héritiers seraient tenus de respecter cette décision.

Attendu qu'il suit de ce qui précède que le concluant est, au regard tant de la loi française que de la loi anglaise, bénéficiaire à titre onéreux à partir du jour du mariage, de la moitié des biens appartenant à la dite dame Peacan son épouse décédée.

Attendu, cependant qu'à l'égard de la seconde moitié il se pourrait que la cour voyant dans les dispositions de l'acte postnuptial de 1865, une véritable donation, déclarât cette seconde moitié passible de la réserve des héritiers Lebœuf.

Mais, attendu que, même dans cette hypothèse, ces derniers n'ayant droit qu'à un quart de la dite moitié, en conformité des principes énoncés plus haut, il n'y a pas lieu de les autoriser, quant à présent du moins, à prélever sur les biens et valeurs situés en France, plus du huitième, c'est-à-dire du quart de la moitié de ces biens considérée comme devant seule entrer dans la masse active de la succession de la dame Peacan.

Attendu qu'il y a lieu, dès lors, d'examiner en quoi consisterait ainsi la masse active de la dite succession.

§ II.

En ce qui touche la composition de la masse active à comprendre dans l'état liquidatif de la succession de la dame Peacan.

Attendu que, d'après les principes qui viennent d'être expliqués, le notaire commis ne devait comprendre dans son état comme formant l'actif de la succession de la dame Peacan que la moitié des biens désignés soit dans la convention anténuptiale de 1856, soit dans l'acte post nuptial de 1865, l'autre moitié étant la propriété absolue du mari comme ayant été acquise par lui à titre onéreux ;

Qu'il devait de plus attribuer tous les autres biens sans distinction (sauf les immeubles), non à la succession de la dame Peacan, mais au concluant, en vertu de son droit marital ;

Qu'il y a donc lieu de retrancher de la masse active telle qu'elle a été composée par le notaire liquidateur : 1° la moitié des biens compris et désignés dans les actes de 1856 et de 1865.

2° Le mobilier existant au moment du décès de la dame Peacan, sauf aux héritiers Lebœuf à établir son identité avec celui qui est désigné dans les actes de 1856 et 1865.

3° Les 266 obligations du Midi au porteur déposés actuellement chez MM. Adam et Cⁱᵉ, banquiers à Boulogne, ainsi que le montant des coupons y afférents et perçus depuis le décès de la dame Peacan.

§ III.

En ce qui touche la preuve ordonnée de la consistance du mobilier laissé par la dame Peacan.

Attendu que le jugement dont est appel a ordonné cette preuve en se

fondant sur ce que la comparaison des actes   1856 et 1865 avec l'inventaire dressé à la suite du décès de l   dame Peacan autorisait
à penser que tout le mobilier à elle appartenant n'avait pas été compris
dans ledit inventaire et qu'il existait au contraire, d'importantes omis-
sions.

Mais attendu que cette conséquence est illogique, et que son impossi-
bilité est démontrée dès à présent par des considérations de droit et de
fait, qui paraissent avoir complètement échappé aux premiers juges.

Attendu qu'il importe surtout au concluant de préciser la situation qui
lui est faite à l'égard de ce mobilier tant par son statut personnel que par
l'effet des actes de 1856 et 1865. Afin de répondre aux insinuations
dirigées contre lui par les héritiers Lebœuf et que les premiers juges
paraissent avoir trop facilement accueillies

En droit.

Attendu que la propriété d'une chose ne peut, à moins d'être à l'état
d'indivision reposer sur la tête de plusieurs.

Que Madame Peacan s'étant dessaisie en faveur de ses Trustees de tous
ses biens présents et futurs, y compris précisément le mobilier dont
s'agit, il s'ensuit qu'ils ont été légalement saisis aux termes de la loi
anglaise de ce mobilier, par suite des actes précités, sauf à en rendre
compte à qui de droit dans les termes de leur fidéi-commis.

Attendu que s'il est vrai, que le concluant a eu droit à la moitié de
ce mobilier à partir du jour du mariage, comme l'ayant acquit à titre
onéreux, il n'en est pas moins vrai que par le fait même du Settlement
(règlement) consenti par lui en faveur de sa femme, et contenu dans les
actes de 1856 et 1865, ce droit s'est trouvé subordonné à l'usufruit de
celle-ci ainsi qu'à la saisine légale des Trustees.

Attendu d'autre part que la dame Peacan n'ayant conservé dans la moitié en question qu'un intérêt purement viager, cet intérêt s'est éteint à son décès et que, par conséquent, cette moitié ne peut à aucun titre être comprise dans sa succession.

Qu'au contraire, le décès de la dame Peacan a eu pour effet de donner droit au concluant de réclamer aux Trustees la délivrance de cette moitié comme chose lui appartenant désormais en toute propriété, vu l'arrivée des évènements prévus par les actes de 1856 et 1865, comme devant mettre fin au fidéi-commis, et faire cesser la saisine légale des Trustees.

Attendu, quant à l'autre moitié, qu'en admettant, comme il a été dit ci-dessus, que la disposition qu'en a faite la dame Peacan par les actes précités constitue une donation entre vifs au profit du concluant il est certain qu'aux termes de la loi anglaise, cette dernière moitié est devenue également sa propriété incommutable, sans être sujette ni à réduction ni à réserve.

En fait.

Attendu que le concluant affirme, de la façon la plus positive, qu'il n'a rien distrait du mobilier se trouvant, soit au domicile conjugal, soit ailleurs et à sa disposition.

Que ce qui prouve jusqu'à l'évidence, non-seulement qu'il n'a pas pu commettre un pareil acte, mais encore qu'il n'avait aucun intérêt à le commettre, c'est que, comme il vient d'être expliqué, le mobilier tout entier lui appartenant, aux termes de la loi anglaise, à l'exclusion de toute autre personne quelle qu'elle fût, le concluant était loin de soupçonner avant l'apposition des scellés à la requête de la dame Lebœuf que ce droit pouvait lui être enlevé, en tout ou en partie, au profit soit de celle-ci, soit de ses ayant-cause : par une sentence de la justice française dont il ignorait jusqu'à la compétence en pareille matière.

Attendu que, si les héritiers Lebœuf, se prévalant d'une clause de style, contenue dans les actes de 1856 et 1865 où le mobilier que la dame Peacan possédait à l'époque de son mariage est qualifié de *considérable*, ce n'est pas au concluant, mais aux Trustees qu'il y aurait lieu d'en demander compte, par le motif que ces derniers en ayant eu la saisine légale, aux termes des actes précités, sont devenus par ce fait responsables de sa conservation, et ont dû, par conséquent, en faire inventaire.

Que si, par suite des événements, ils doivent compte aujourd'hui au concluant de tous les biens et dro ts tant mobiliers qu'immobiliers, compris dans le fidéi-commis , ce compte n'a pas encore été rendu, et qu'il ne pourra l'être que lorsque la cause dont la Cour est actuellement saisie, aura reçu, au moins en principe, sa solution définitive.

Attendu qu'en présence de ces faits il ne peut y avoir lieu à procéder, contre le concluant, à une enquête sur la consistance du mobilier dont s'agit.

Que, vu la quotité limitée de la réserve que la loi leur attribue dans les biens restant former la succession de la Dame Peacan, les droits des héritiers Lebœuf se trouvent amplement sauvegardés au moyen du séquestre ordonné par les premiers juges.

§ IV.

En ce qui touche la continuation des opérations de compte, liquidation et partage de la succession de la dame Peacan.

Attendu que la portion des biens qui serait considérée comme dépendant de ladite succession et aux mains, non du concluant, mais des Trustees.

Qu'il y a lieu de surseoir à la continuation des opérations dont s'agit jusqu'à parfaite reddition de compte par les Trustees.

PAR CES MOTIFS,

Mettre à néant le jugement dont est appel.

Emendant. décharger le concluant des dispositions de ce jugement qui lui font grief.

Et statuant à nouveau, *en ce qui touche la quotité* de la réserve.

Dire que les héritiers Lebœuf, comme représentant leur mère, fille naturelle reconnue de la Dame Peacan, n'ont droit à titre de réserve qu'à un quart dans la succession de celle-ci.

Dire en outre que cette succession ne doit comprendre que la moitié des biens appartenant à la dame Peacan au moment de son mariage, et compris dans le fidéi-commis créé par les actes du 9 juin 1856 et du 16 juin 1865.

Dire, en conséquence, qu'ils ne pourront quant à présent prélever sur biens et valeurs situés en France au-delà d'un huitième desdits biens et valeurs.

En ce qui touche la composition de la masse active.

Dire que la succession de la Dame Peacan ne doit comprendre que la moitié des biens désignés dans les actes fidéi-commissaires.

Dire que l'autre moitié appartient à M. Peacan comme ayant été acquise par lui à titre onéreux, en vertu de ces mêmes actes.

Distraire en outre de ladite masse et attribuer à M. Peacan comme étant sa propriété personnelle en vertu de son droit marital, le mobilier existant au moment du décès, que les héritiers Lebœuf ne justifieraient pas faire partie du fidéi-commis et notamment les 266 obligations du Midi.

En ce qui touche la preuve de la consistance du mobilier.

Dire qu'il n'y avait lieu de l'ordonner.

En ce qui touche la continuation des opérations.

Ordonner, qu'il sera sursis à la continuation des opérations dont s'agit jusqu'à parfaite reddition de compte par les Trustees.

Condamner les intimés aux dépens de 1re instance et d'appel.

Ordonner la restitution de l'amende consignée sous toutes réserves de fait et de droit.

— ⟡ —

627—DOUAI, L. CRÉPIN, 23, RUE DE LA MADELEINE.